Apfel, Zwetschge & Holunder

Rezepte und Fotos: Karl Newedel

Bassermann
Inspiration

er Apfel galt den alten Griechen als Liebessymbol. In der biblischen Paradiesgeschichte hingegen ist von einem Apfel keine Rede, obwohl alle das meinen. Dort wird lediglich die Frucht vom Baum der Erkenntnis von Gut und Böse erwähnt, da aber das Böse im Lateinischen ebenso malum heißt wie der Apfel, kam es zu diesem dauerhaften Missverständnis. In jedem Fall ist der Apfel eine seit Jahrtausenden allseits beliebte Frucht, die heute in mehr als 1000 Sorten weltweit gezüchtet wird und so viel gesunde Inhaltsstoffe, Vitamine, Mineralien und Spurenelemente enthält, dass einem englischen Spruch zufolge ein Apfel pro Tag genügt, um den Arzt fernzuhalten. In der Küche ist er ein wahrer Tausendsassa, der sich auf unterschiedlichste Weise süß und salzig zubereiten lässt.

wetschgen galten in Ostasien als Symbol der Jugend, denn die Blüten erscheinen noch vor den Blättern an den Bäumen. Die meist blau- bis violettschalige Steinfrucht, die vielfach auch Pflaume genannt wird (Pflaumen sind aber etwas runder), ist durch Kreuzung und Veredelung aus der wilden Schlehe hervorgegangen. Bereits im Altertum waren Zwetschgen bekannt und beliebt und von den Ärzten als Mittel geschätzt, das die Verdauung anregt und manche Altersbeschwerden lindert. In der Küche nicht ganz so vielseitig wie der Apfel, haben aber auch die für den Herbst so typischen Zwetschgen viele Vitamine, vor allem Vitamin C, sowie Eisen und Carotin zu bieten.

Holunder, süddeutsch auch Holler, ist kulinarisch zwei Mal im Jahr interessant: **Im Juni**, wenn sich an den großen **Schirmrispen** die winzigen weißen Blüten zeigen, und **ab September**, wenn die Blüten zu den **kleinen blauschwarzen Beeren** herangereift sind. Die Blüten dienen zur Herstellung des zarten **Holunderblütensirups** und ergeben getrocknet einen Tee – oft **Fliedertee** genannt –, der in der Volksmedizin **gegen Erkältungskrankheiten** empfohlen wird. Die **sehr vitamin- und mineralstoffreichen Früchte** werden selten im Handel angeboten. Holunder wächst aber überall in freier Natur, wo man sich bedienen kann. Aber Vorsicht, rohe und unreife Holunderbeeren sind giftig! Beim Sammeln also keinesfalls naschen. Der botanische Name des Holunders, Sambucus, verrät, wozu die Beeren noch dienen, nämlich zur Herstellung des Sambuca genannten wasserklaren Likörs.

* 500 g Äpfel (rote Sorte, z. B. Braeburn, Red Delicious)
* 100 g Zucker
* 1 Sternanis
* 2 Gewürznelken
* ½ Zimtstange
* 70 ml Weißwein
* 2 EL Grenadinesirup
* 4 Blatt Gelatine
* 250 g Sahne

Rosa Apfelmousse

🕐 50 Minuten ✳ Kühlzeit: 3 Stunden ✳ 4 Portionen

1 Die Äpfel waschen, vierteln, entkernen und fein würfeln.

2 Den Zucker in einem Topf unter ständigem Rühren karamellisieren lassen, aber aufpassen, dass er nicht zu braun wird. Apfelwürfel, Sternanis, Nelken und Zimtstange hinzugeben, mit Weißwein und Grenadinesirup ablöschen. (Der Karamell wird erst hart, löst sich dann aber wieder auf.) Im geschlossenen Topf bei schwacher Hitze ca. 20 Minuten dünsten. Die Gewürze entfernen und den Topfinhalt mit dem Stabmixer pürieren.

3 Die Gelatine 5 Minuten in kaltem Wasser einweichen, ausdrücken und unter die noch warme Apfelmasse ziehen, bis sich die Gelatine vollständig aufgelöst hat. Die Masse kalt stellen.

4 Die Sahne steif schlagen. Sobald die Apfelmasse anfängt zu gelieren, die Sahne vorsichtig unterheben. Die Mousse für weitere 2–3 Stunden in den Kühlschrank stellen.

5 Zum Anrichten auf Tellern mit einem Esslöffel Nocken von der Mousse abstechen und mit einem zweiten Löffel auf den Dessertteller schieben. Die Löffel vor jeder neuen Nocke in lauwarmes Wasser tauchen.

Mit dem Kugelausstecher ausgestochene und kurz in Butter **gebratene Apfelbällchen** sind eine **tolle Deko** hierfür.

11

Ich **liebe**
ein **Glas Cidre** hierzu.

- ½ Bio-Zitrone
- ½ Bio-Orange
- 4 Äpfel (z. B. Boskop)
- 500 ml Apfelsaft
- 2 EL Zucker
- 50 g Grenadinesirup
- ½ Vanilleschote
- 80 g Holunderblütensirup
- 25 g Vanille-Puddingpulver
- 200 g Löffelbiskuit
- 400 g Mascarpone

Außerdem
- 1 rechteckige Form (ca. 20 x 30 cm)
- Kakaopulver zum Bestäuben

Sahniges Apfel-Tiramisu

🕐 40 Minuten ✳ Kühlzeit: 2 Stunden ✳ 4–6 Portionen

1. Zitrone und Orange heiß abwaschen und die Schale dünn abschälen (ohne die weiße Haut). Die Äpfel schälen, achteln und entkernen.
2. 400 ml Apfelsaft mit Zucker, Grenadinesirup, Vanilleschote, Zitronen- und Orangeschale in einen Topf geben, aufkochen und 5 Minuten köcheln lassen. Die Äpfel zugeben, aufkochen lassen und bei milder Hitze 15 Minuten ziehen lassen, dann mit einer Schaumkelle herausheben.
3. 250 ml von dem Apfelsud abnehmen und mit dem Holunderblütensirup aufkochen.
4. Das Puddingpulver mit dem restlichen kalten Apfelsaft anrühren, in den heißen Apfel-Holunder-Sud einrühren, aufwallen lassen und kalt stellen.
5. Den Boden der Form mit den Löffelbiskuit auslegen, diese mit dem restlichen Apfelsud beträufeln, dann die Apfelstücke darauf verteilen. Mascarpone in den kalten Apfelpudding einrühren und die Apfelstücke damit bedecken. Das Tiramisu 2 Stunden kalt stellen, vor dem Servieren mit Kakaopulver bestäuben.

- ✳ 3 säuerliche Äpfel (z. B. Boskop)
- ✳ 50 g Walnüsse
- ✳ 30 g Butter
- ✳ 60 g Zucker
- ✳ 30 g Rosinen
- ✳ 250 g Magerquark
- ✳ 1 Päckchen Vanillezucker
- ✳ ¼ TL abgeriebene Zitronenschale
- ✳ 275 g Blätterteig (Kühlregal)
- ✳ 1 Eigelb
- ✳ 2 EL Sahne

chneller Apfelstrudel

🕑 20 Minuten ✳ Backzeit: 30 Minuten ✳ 4 Portionen

1 Den Backofen auf 180 °C (Umluft 160 °C) vorheizen. Die Äpfel schälen, vierteln, entkernen und in feine Würfel schneiden. Die Walnüsse in feine Blättchen schneiden (oder hacken).

2 In einer beschichteten Pfanne die Butter mit der Hälfte des Zuckers erhitzen. Die Apfelwürfel hineingeben und unter Rühren karamellisieren. Rosinen und Walnüsse zugeben, die Pfanne vom Herd nehmen.

3 Den Magerquark mit dem restlichen Zucker, Vanillezucker und Zitronenabrieb glatt rühren.

4 Den Blätterteig auf einem mit Mehl bestäubten Geschirrtuch zu einem Rechteck ausrollen. Die Quarkmasse gleichmäßig darauf verstreichen (rundum 2 cm Rand freilassen). Die Apfelmischung auf dem Quark verteilen. Den Teig mit Hilfe des Geschirrtuchs zu einer Rolle formen. Die seitlichen Ränder einschlagen und festdrücken und den Strudel auf ein Backblech legen.

5 Das Eigelb mit der Sahne verrühren und die Oberfläche des Strudels damit bestreichen. Den Strudel ca. 30 Minuten backen, bis er eine goldbraune Oberfläche erhält.

Lauwarmer Apfelstrudel
mit Vanilleeis: **ein Gedicht!**

15

* 1,6 kg Äpfel (z. B. Reinette oder Boskop)
* 120 g weiche Butter
* 200 g Zucker
* 200 g Blätterteig (TK oder Kühlregal)

Außerdem
* 1–2 TL Mehl zum Ausrollen
* 1 ofenfeste Pfanne, ca. 24 cm Ø
* Alufolie

Tarte Tatin

🕐 30 Minuten ✳ Backzeit: 20 Minuten ✳ 4–6 Portionen

1 Den Backofen auf 220 °C (Umluft 200 °C) vorheizen. Die Äpfel schälen, achteln und das Kerngehäuse ausschneiden.

2 Den Pfannenboden mit 1–2 EL weicher Butter ausstreichen und mit 2 EL des Zuckers bestreuen. Den restlichen Zucker in einem Topf bei mittlerer Hitze schmelzen lassen, die restliche Butter zugeben und unter Rühren goldbraun karamellisieren lassen. Den Karamell auf dem Pfannenboden verteilen.

3 Die Hälfte der Apfelspalten mit der Rundung nach unten kreisförmig dicht an dicht auf den Pfannenboden legen, die restlichen Äpfel mit der Rundung nach oben dazwischen legen, sodass eine fast geschlossene Apfelschicht entsteht. Alufolie direkt über die Äpfel legen und an der Seite, zwischen Apfel und Pfannenrand, einschlagen.

4 Die Pfanne auf dem Herd bei mäßiger Temperatur erhitzen. Sobald Saft aus den Äpfeln austritt, die Folie entfernen und den Saft einkochen lassen (dauert je nach Apfelsorte 10–15 Minuten).

5 Den Blätterteig auf einer bemehlten Arbeitsfläche zu einem ca. 28 cm großen Kreis ausrollen, mit einer Gabel mehrmals einstechen, über die Äpfel legen, leicht andrücken und am Rand einschlagen. Die Pfanne in den Ofen stellen und die Tarte 20 Minuten backen, herausnehmen, mit einem Teller beschweren und auskühlen lassen.

6 Die Pfanne auf dem Herd wieder leicht erwärmen, damit sich der Karamell vom Boden löst. Eine Kuchenplatte auf die Pfanne legen und die Tarte aus der Pfanne stürzen. Mit halbfest geschlagener Sahne servieren.

17

- 400 g säuerliche Äpfel (z. B. Cox Orange)
- 200 g getrocknete Cranberrys
- 2 EL Zitronensaft
- 200 g Studentenfutter
- 100 g Marzipanrohmasse
- 100 g gemahlene Mandeln
- 2 TL Lebkuchengewürz
- 2 Eier, getrennt
- 50 g Zucker
- 35 Oblaten (Durchmesser 5 cm)

Außerdem
- 200 g Schokoglasur (Fertigprodukt)

Apfel-Lebkuchen

🕐 15 Minuten * Backzeit: 20 Minuten * ca. 35 Stück

1 Den Backofen auf 160 °C vorheizen. Die Äpfel fein würfeln, mit Cranberrys und Zitronensaft vermengen und etwas ziehen lassen. Studentenfutter hacken, Marzipan raspeln, zusammen mit den Mandeln, dem Lebkuchengewürz und den Eigelben zu den Äpfeln geben und vermischen.

2 Die Eiweiße mit dem Zucker steif schlagen und unter die Teigmasse heben. Die Oblaten auf ein Backblech legen. Auf jede Oblate mit einem Löffel ein kleines Häufchen von der Teigmasse setzen, etwa 20 Minuten backen.

3 Die Schokoglasur nach Packungsanweisung verflüssigen und die abgekühlten Plätzchen damit verzieren.

Tipp

* *

Feine Schokoladenlinien erhalten Sie, wenn Sie geschmolzene Schokolade in eine kleine Plastiktüte füllen, diese zuknoten und eine kleine Spitze abschneiden.

* *

Wer **sagt** denn,
dass Lebkuchen
nur in der Adventszeit
schmecken?

19

Mürbeteig
* 300 g Mehl
* 150 g kalte Butter
* 2–3 EL Zucker
* Salz
* 1 Ei

Apfel-Orangen-Püree
* 3 Äpfel
* 1 Vanilleschote
* 3 EL Zucker
* 2 EL Zitronensaft
* 100 g Orangenmarmelade

Belag
* 3–4 milde Äpfel (z. B. Cox Orange oder Jonagold)

* 2 EL Butter, zerlassen
* 2 EL brauner Zucker

Außerdem
* 1 Tarte- oder Springform, 26 cm Ø
* Mehl und Butter für die Form
* Backpapier oder Alufolie
* Trockenhülsenfrüchte zum Blindbacken

Apfeltarte

🕐 60 Minuten * Ruhe- und Backzeiten: 60 Minuten * 8–12 Stücke

1 Das Mehl in eine Schüssel sieben, eine Mulde hineindrücken. Butter in Flöckchen, Zucker, Salz und Ei in die Mulde geben und alles rasch zu einem Teig verkneten, zu einer Kugel formen, in Klarsichtfolie hüllen und mindestens 30 Minuten im Kühlschrank ruhen lassen.

2 Für das Püree die Äpfel schälen, vierteln, entkernen und fein würfeln. Die Vanilleschote längs aufschneiden, das Mark auskratzen und mit 4 EL Wasser, Zucker und Zitronensaft aufkochen. Die Apfelstücke zugeben und 10 Minuten zu Püree köcheln lassen. Die Orangenmarmelade einrühren und mit dem Stabmixer pürieren.

3 Den Backofen auf 180 °C (Umluft 160 °C) vorheizen. Den Teig auf einer bemehlten Arbeitsfläche zu einem ca. 5 mm dicken Kreis ausrollen. Den Teig in die gebutterte, bemehlte Form legen, mit einer Gabel mehrmals einstechen, mit Backpapier abdecken, mit Trockenbohnen belegen und ca. 15 Minuten blindbacken. Aus dem Ofen nehmen, Abdeckung und Trockenbohnen entfernen.

4 Für den Belag die Äpfel schälen, entkernen und in feine Spalten schneiden. Das Apfel-Orangen-Püree auf dem vorgebackenen Boden verteilen, die Apfelspalten leicht über-lappend in zwei gegenläufigen Kreisen darauf anordnen, mit zerlassener Butter beträu-feln und mit Zucker bestreuen. Die Tarte ca. 25 Minuten backen.

Tipp
✳✳✳✳✳✳✳✳✳✳✳✳✳✳✳✳✳✳✳✳✳✳✳✳
Sehr lecker mit Crème fraîche oder Schmand.
✳✳✳✳✳✳✳✳✳✳✳✳✳✳✳✳✳✳✳✳✳✳✳✳

- ∗ 100 g Sellerieknolle
- ∗ 2 Äpfel (z.B. Red Delicious oder Elstar)
- ∗ 1 EL Zitronensaft
- ∗ 25 g Pinienkerne
- ∗ 2 frische Entenbrüste à 350 g
- ∗ Salz
- ∗ Pfeffer aus der Mühle
- ∗ 1 EL Öl
- ∗ 1 TL Kerbel, gehackt
- ∗ 1 TL Schnittlauch, in Röllchen
- ∗ 2 TL saure Sahne

Entenbrust auf Apfel-Sellerie-Salat

🕐 30 Minuten ∗ 4 Portionen

1 Sellerie schälen und in feine Streifen schneiden. Äpfel waschen, vierteln, entkernen und fein würfeln. Beides sofort mit Zitronensaft beträufeln. Die Pinienkerne in einer trockenen Pfanne anrösten.

2 Den Backofen auf 120 °C vorheizen (keine Umluft). Die Entenbrüste abspülen und trocken tupfen. Die Hautseiten rautenförmig 3 mm tief einschneiden, salzen und pfeffern.

3 Das Öl in einer Pfanne erhitzen, die Entenbrüste auf der Hautseite goldbraun braten (ca. 5 Minuten), wenden und auf der Fleischseite 2 Minuten anbraten. Aus der Pfanne nehmen, abtropfen lassen und auf dem Gitterrost über der Saftpfanne im Ofen in 12–15 Minuten fertiggaren.

4 Die Selleriestreifen in der Pfanne im verbliebenen Entenfett ca. 3 Minuten bei mittlerer Hitze dünsten, dann die Apfelstücke zugeben und kurz mitbraten. Die Pfanne vom Herd nehmen.

5 Die Kräuter mit der sauren Sahne verrühren, mit Salz und Pfeffer abschmecken und mit dem Sellerie-Apfel-Salat vermengen. Die Entenbrüste in Scheiben aufschneiden und auf dem Salat anrichten. Die gerösteten Pinienkerne darüberstreuen.

23

- ✳ 4 Äpfel (z. B. Boskop)
- ✳ 2 TL Zitronensaft
- ✳ 1 kleine Zwiebel
- ✳ 100 g Bergkäse
- ✳ 50 g Frühstücksspeck
  (Bacon,) in dünnen Scheiben
- ✳ 100 g gemischtes Hackfleisch
- ✳ 1 TL Pflanzenöl
- ✳ Salz
- ✳ Pfeffer aus der Mühle
- ✳ 1 TL frischer Majoran, gehackt (oder ½ TL getrocknet)
- ✳ 2 EL Petersilie, gehackt
- ✳ 75 ml Weißwein
- ✳ 75 ml Gemüsebrühe
- ✳ 1 EL Butter

Außerdem
- ✳ 1 Auflaufform

Mit Hackfleisch gefüllte Äpfel

🕐 30 Minuten ✳ Backzeit: 45 Minuten ✳ 4 Portionen

1 Die Äpfel waschen, einen Deckel abschneiden und die Äpfel vorsichtig aushöhlen (am besten mit einem Kugelausstecher). Das Fruchtfleisch fein hacken. Die Apfeloberflächen mit Zitronensaft bepinseln. Die Zwiebel schälen und würfeln, den Käse grob reiben.

2 Den Backofen auf 140 °C (Umluft 130 °C) vorheizen. Den Speck würfeln und in einer beschichteten Pfanne knusprig ausbraten, herausnehmen und beiseite stellen.

3 Das Hackfleisch im verbliebenen Speckfett (evtl. noch Öl hinzufügen) krümelig braten, salzen und pfeffern. Die
Zwiebelwürfel zugeben und weitere 5 Minuten braten. Die Apfelstücke zufügen und kurz mitdünsten. Bergkäse, gebratenen Speck und die Kräuter untermengen.

4 Weißwein und Brühe mischen und aufkochen, 2 EL davon unter die Hackfleischmasse rühren.

5 Die Äpfel mit der Masse füllen, die Deckel aufsetzen und die Äpfel in eine passende Auflaufform setzen. Mit der restlichen Weißweinbrühe übergießen, jeweils eine Butterflocke daraufsetzen und 45 Minuten backen.

Ich empfehle hierzu
einen **spritzigen Riesling.**

Mit **Minze** geben Sie diesem Salat
eine **noch frischere Note**.

- ❋ 6 EL Sonnenblumenöl
- ❋ 500 g Hähnchenbrustfilet
- ❋ Salz
- ❋ 400 g Süßkartoffeln
- ❋ 2 kleine Äpfel
- ❋ 6 EL Limettensaft
  (2–3 Limetten)
- ❋ 1 rote Paprikaschote
- ❋ 2 Frühlingszwiebeln
- ❋ 5 Zweige Koriander
- ❋ 4 EL Ahornsirup
- ❋ 3 Spritzer Tabasco
- ❋ Chiliflocken zum Bestreuen

Hähnchensalat mit Apfel und Süßkartoffel

🕐 35 Minuten ❋ 4 Portionen

1 2 EL Öl in einer beschichteten Pfanne erhitzen. Die Hähnchenbrüste salzen und im heißen Öl von beiden Seiten bei mäßiger Hitze knusprig anbraten, dann mit geschlossenem Deckel ca. 12 Minuten garen lassen.

2 Die Süßkartoffeln schälen, je nach Dicke längs halbieren oder vierteln und quer in ½ cm dicke Scheiben schneiden. In leicht gesalzenem Wasser 5 Minuten köcheln lassen, abgießen und ausdampfen lassen.

3 Die Äpfel waschen, vierteln, entkernen, in grobe Stücke schneiden und mit 2 EL Limettensaft beträufeln. Die Paprikaschote waschen, entkernen und in 1 cm große Würfel, die Frühlingszwiebeln in feine Ringe schneiden. Die Korianderblätter von den Stielen zupfen und grob hacken.

4 Die abgekühlten Hähnchenbrüste quer in Streifen schneiden und mit Äpfeln, Süßkartoffeln, Paprika, Frühlingszwiebeln und Koriander mischen.

5 Den Ahornsirup mit dem restlichen Limettensaft, Tabasco und einer Prise Salz verrühren und das restliche Öl mit einem Schneebesen unterschlagen. Das Dressing über den Salat geben und gut durchmischen. Vor dem Servieren mit Chiliflocken bestreuen.

- ❋ 800–1000 g frische Schwarzwurzeln
- ❋ 2 EL Zitronensaft
- ❋ 1 Zwiebel
- ❋ 150 g Frühlingszwiebeln
- ❋ 2 Knoblauchzehen
- ❋ 3 EL Butterschmalz
- ❋ 1 EL braune Senfkörner (Asialaden)
- ❋ 1 TL Kreuzkümmel
- ❋ 1 EL Tomatenmark
- ❋ 2 TL Currypulver
- ❋ ½ l Gemüsebrühe
- ❋ 2 säuerliche Äpfel (z. B. Boskop)
- ❋ 1 kleine Zimtstange
- ❋ 1 getrocknete Chilischote
- ❋ 1 TL Zucker
- ❋ Salz
- ❋ 1 EL Korianderblätter (oder Petersilie), gehackt
- ❋ Chiliflocken nach Geschmack

chwarzwurzel-Apfel-Curry

🕐 45 Minuten ❋ 4 Portionen

1 Die Schwarzwurzeln unter fließendem Wasser mit einem Sparschäler schälen. Jede geschälte Stange sofort in Zitronenwasser legen. Die Zwiebel würfeln, die Frühlingszwiebeln in feine Ringe, die Knoblauchzehen in feine Scheiben schneiden.

2 Butterschmalz in einem Topf erhitzen, Senfkörner und Kreuzkümmel darin so lange anrösten, bis sie knistern. Zwiebel, Frühlingszwiebel und Knoblauch zugeben und kurz andünsten. Tomatenmark und Currypulver zugeben, nur sehr kurz mitrösten, dann die Gemüsebrühe angießen und 10 Minuten köcheln lassen.

3 Die Schwarzwurzeln in 4 cm lange Stücke schneiden, in die Brühe geben und 10 Minuten köcheln lassen. Währenddessen die Äpfel schälen, vierteln, entkernen und in 2 cm große Würfel schneiden. Nach 10 Minuten zusammen mit Zimtstange, Chilischote und Zucker zu den Schwarzwurzeln geben und weitere 10 Minuten köcheln lassen. Mit Salz abschmecken und mit gehacktem Koriander und eventuell Chiliflocken bestreuen.

Tipp

* *

Da beim Schälen der Schwarzwurzeln ein milchiger, klebriger Saft austritt, sollten Sie dabei Einmalhandschuhe tragen.

* *

Rote Bete-Salat mit Matjes

🕐 30 Minuten ✳ 4 Portionen

1 Den Apfelsaft im offenen Topf auf 100 ml einkochen lassen. Apfelessig, Salz und Meer-rettich in die heiße Flüssigkeit geben. Auf Raumtemperatur abkühlen lassen, dann nach und nach das Öl einrühren. Den Dill fein hacken und zum Dressing geben.

2 Die Matjesfilets abspülen, trocken tupfen und quer in fingerdicke Streifen schneiden.

3 Die Äpfel waschen und mit einem Ausstecher entkernen, die Zwiebel schälen. Äpfel, Zwie-bel und rote Bete in sehr dünne Scheiben schneiden. Die Apfelscheiben sofort mit dem Zitronensaft benetzen. Die Senfgurken abtropfen lassen und in feine Würfel schneiden.

4 Alle Zutaten auf den Tellern anrichten und mit dem Dressing beträufeln.

Matjes ist wunderbar für **kleine schnelle Mahlzeiten** geeignet!

Dressing
* 400 ml Apfelsaft
* 50 ml Apfelessig
* Salz
* 20 g Meerrettich (Fertigprodukt)
* 150 ml Sonnenblumenöl
* 5 Zweige Dill

Matjessalat
* 300 g Matjesfilet
* 2 rote Äpfel
* 1 rote Zwiebel
* 300 g Rote Bete (vorgekocht)
* 2 EL Zitronensaft
* 100 g Senfgurken (aus dem Glas)

Zwet

schge

verführerisch süß
macht saftig
heiße Überraschung
liebt deftig
lila Wunder

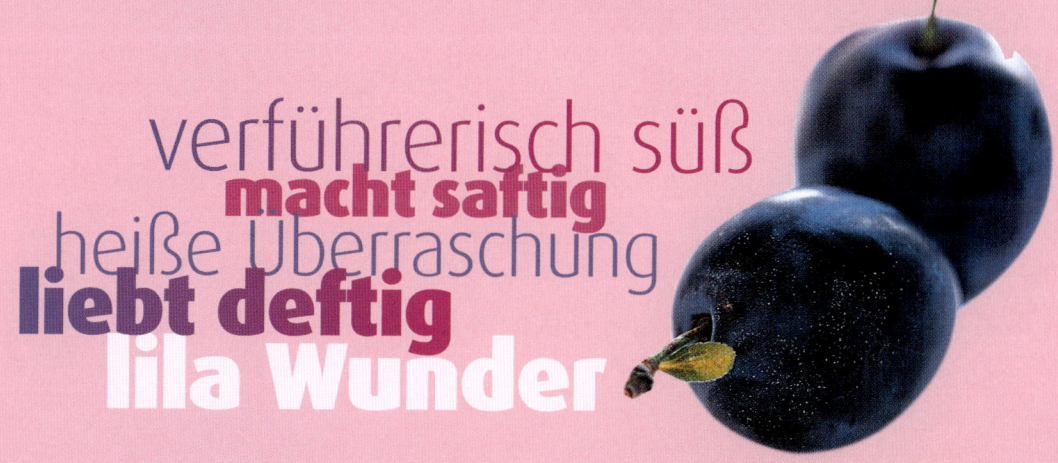

* *

*Hören Sie beim Aufschlagen des Weinschaums
genau hin: wenn der Ton etwas dumpfer wird,
dann wird es Zeit, die Masse aus dem Wasserbad
zu nehmen.*

* *

- ✳ 200 g Marzipanrohmasse
- ✳ 2 Eiweiße
- ✳ 4 EL Mandellikör
  (z. B. Amaretto)
- ✳ 40 g Mandelstifte
- ✳ 20 Zwetschgen
- ✳ 3 Eigelbe
- ✳ 3 EL Zucker
- ✳ 150 ml Portwein
- ✳ 4 Kugeln Vanilleeis
- ✳ evtl. Mandelstifte zum
  Bestreuen

Gebackene Zwetschgen mit Weinschaum

🕐 20 Minuten ✳ Backzeit: 15 Minuten ✳ 4 Portionen

1 Den Backofen auf 180 °C (Umluft 160° C) vorheizen. Das Marzipan in kleine Stücke schneiden und mit dem Handrührgerät auf höchster Stufe mit Eiweiß und Mandellikör zu einer glatten, schaumigen Masse verrühren. Dann die Mandelstifte unterheben.

2 Die Zwetschgen waschen, halbieren, entsteinen und mit Hilfe eines Teelöffels mit der Marzipanmasse füllen. Die Zwetschgen in eine flache feuerfeste Form setzen und etwa 15 Minuten überbacken, bis die Oberfläche leicht gebräunt ist.

3 In der Zwischenzeit das Wasserbad für die Weinschaumcreme vorbereiten. Einen Topf mit Wasser aufsetzen, das Wasser soll heiß sein, aber nicht kochen. In einer Metallschüssel die Eigelbe mit dem Zucker verquirlen, nach und nach den Portwein zugeben und solange schlagen, bis eine schaumige Masse entsteht. Die Schüssel auf das Wasserbad setzen und solange schlagen, bis die Masse dickschaumig wird. Vorsicht: die Masse darf nicht zu heiß werden, sonst gerinnt das Eigelb.

4 Die Zwetschgenhälften aus dem Ofen nehmen und zusammen mit dem Portweinschaum und Vanilleeis anrichten. Eventuell mit gerösteten Mandelstiften bestreuen.

Mein **Geheimtipp** für ein ganz **besonderes Dessert**.

* 500 g Zwetschgen (entsteint)
* ½ Bio-Zitrone
* 50 ml Orangensaft
* 200 g Zucker
* 400 g Naturjoghurt

Joghurteis mit Zwetschge

🕐 30 Minuten ✳ Gefrierzeit: ¾–3 Stunden ✳ 4 Portionen

1 Die Zwetschgen waschen, entsteinen und in feine Würfel schneiden. Die Zitronenschale abreiben und den Saft auspressen. Saft und Schale mit dem Orangensaft und dem Zucker in einem Topf erhitzen. Die Zwetschgen zugeben und unter häufigem Rühren in ca. 15 Minuten einkochen lassen.

2 Die Zwetschgen vom Herd nehmen, mit dem Stabmixer fein pürieren (eventuell zusätzlich durch ein Sieb streichen) und abkühlen lassen. Den Joghurt unterrühren und die Masse in einer Eismaschine ca. 45 Minuten gefrieren lassen (nach Bedienungsanleitung Ihres Gerätes).

Tipp

* *

Wenn keine Eismaschine vorhanden ist, stellen Sie die Masse für 2 bis 3 Stunden abgedeckt in den Tiefkühler. Das Eis muss dabei aber alle 30 Minuten mit dem Stabmixer oder einem stabilen Schneebesen durchgerührt werden, damit sich keine Eiskristalle bilden.

* *

- * 1 kg Zwetschgen
- * 50 g weiche Butter
- * 6 Eier
- * 100 g Zucker
- * 1 Päckchen Vanillezucker
- * 50 g Mehl
- * 40 g gemahlene Mandeln
- * 200 g Sahne
- * 150 ml Milch
- * 3–4 TL Puderzucker

Außerdem
- * 4 kleine Auflaufformen,
  je 18 cm Ø

Zwetschgen-Clafoutis

🕐 15 Minuten * Backzeit: 30 Minuten * 4 Portionen

1 Den Backofen auf 180 °C vorheizen. Wenn vorhanden, sollten Clafoutis mit Umluft (160 °C) gebacken werden.

2 Die Zwetschgen waschen, halbieren und entsteinen. Die Formen mit weicher Butter ausfetten.

3 Die Eier mit Zucker und Vanillezucker schaumig rühren. Zuerst das Mehl und die Mandeln, dann Sahne und Milch unterrühren. Alles gut miteinander verquirlen.

4 Die Zwetschgen auf die Förmchen verteilen, die Teigmasse darüber gießen. Im Ofen 25–30 Minuten goldbraun backen, mit Puderzucker bestreuen und servieren.

Tipp

****

Clafoutis ist eine in Frankreich sehr beliebte Nachspeise und wird oft mit Kirschen oder Äpfeln zubereitet. Sie schmeckt am besten lauwarm und wird auch gerne mit Vanille- oder Walnusseis serviert.

****

* 3 kg Zwetschgen
* 4 grüne (unreife) Walnüsse (am besten direkt vom Baum)
* 1 Vanilleschote
* 2 TL Anis, gemahlen
* 400 g dunklen Zuckerrübensirup

Außerdem
* 1 flacher Bräter
* 3 Einmachgläser à 400 ml Inhalt

Zwetschgenmus

🕐 30 Minuten * Garzeit: 1 Stunde * 1,2 Liter

1 Die Zwetschgen waschen, entsteinen und in kleine Stücke schneiden. In einem Topf mit 50 ml Wasser langsam weich kochen (ca. 20 Minuten). Die Walnüsse waschen.

2 Den Backofen auf 150 °C (keine Umluft) vorheizen. Die gekochten Zwetschgen in einen flachen Bräter oder ein hohes Backblech umfüllen.

3 Die Vanilleschote längs aufschneiden, mit Anis und den ganzen Walnüssen zu den Zwetschgen geben. Den Bräter auf der mittleren Schiene in den Ofen schieben und die Ofentür einen kleinen Spalt offenstehen lassen (Kochlöffel in die Ofentür klemmen). Die Zwetschgen gelegentlich umrühren.

4 Nach etwa 1 Stunde sollte die Masse dickflüssig geworden sein. Dann herausnehmen und die Vanilleschote entfernen. Die Pflaumenmasse mit dem Rübensirup verrühren. Die Einmachgläser heiß ausspülen, das Zwetschgenmus randvoll einfüllen und die Gläser sofort luftdicht verschließen.

Tipp

****

Grüne Walnüsse sind die noch nicht ausgereiften Nüsse samt der grünen äußeren Schale. Sie verleihen dem Mus eine besondere geschmackliche Note. Durch die enthaltenen Gerbstoffe wird auch die Haltbarkeit verlängert.

****

- * 450 g Mehl
- * 30 g Hefe
- * ¼ l lauwarme Milch
- * 100 g Butter
- * 2 Eier

- * 100 g Zucker
- * 1 Päckchen Vanillezucker
- * ½ TL Salz
- * 2 kg Zwetschgen

Zwetschgendatschi

🕐 20 Minuten * Geh- und Backzeiten: 75 Minuten

1 Das Mehl in eine Schüssel sieben und eine Mulde hineindrücken. Die Hefe hineinbröckeln, mit der Milch und mit etwas Mehl vom Rand zu einem Vorteig verrühren. Zugedeckt 15 Minuten gehen lassen.

2 Die Butter zerlassen, ein Backblech einfetten. Die restliche Butter mit Eiern, Zucker, Vanillezucker und Salz zum Vorteig geben und alles zu einem glatten Teig verkneten. Erneut an einem warmen Ort zugedeckt 15 Minuten gehen lassen.

3 Die gewaschenen Zwetschgen entsteinen und vierteln, ohne sie ganz durchzuschneiden. Den Hefeteig durchkneten und direkt auf dem Blech ausrollen, dann mehrfach mit einer Gabel einstechen.

4 Die Zwetschgen leicht überlappend in Reihen auf den Teig legen, den Kuchen wiederum ca. 15 Minuten gehen lassen. Den Backofen auf 180 °C (Umluft 160 °C) vorheizen und den Zwetschgendatschi auf der mittleren Schiene 30–35 Minuten backen.

Reichen Sie Hagelzucker dazu, dann kann jeder **nach Geschmack nachsüßen.**

43

- ✳ 500 g Mehl
- ✳ 40 g Hefe
- ✳ ¼ l lauwarme Milch
- ✳ 125 g Zucker

- ✳ 4 Eigelbe
- ✳ 80 g weiche Butter
- ✳ ½ TL Salz
- ✳ 1 Päckchen Vanillezucker
- ✳ 100 g Zwetschgenmus (siehe auch Seite 40)
- ✳ 2–3 TL Puderzucker

Außerdem
- ✳ 1 Auflaufform, ca. 20 x 30 cm
- ✳ 60 g Butter für die Form und zum Bestreichen
- ✳ 2 EL Zucker für die Form

Zwetschgenrohrnudeln

🕐 20 Minuten ✳ Geh- und Backzeiten: 1,5 Stunden ✳ 12 Stück

1 Das Mehl in eine Schüssel sieben und eine Mulde hineindrücken. Die Hefe mit der Hälfte der Milch, 2 EL des Zuckers und etwas von dem Mehl zu einem Vorteig verrühren. An einem warmen Ort ca. 10 Minuten gehen lassen.

2 Die Eigelbe mit der restlichen Milch, 80 g weicher Butter, Salz und Vanillezucker verrühren und mit dem Vorteig in die Mehlmulde geben. Mit den Knethaken des elektrischen Rührgeräts kneten, bis der Teig Blasen wirft. Den Teig leicht mit Mehl bestäuben und zugedeckt an einem warmen Ort gehen lassen, bis er sein Volumen verdoppelt hat (etwa 20 Minuten).

3 Die Butter für die Form schmelzen, den Boden der Backform ausstreichen und mit Zucker bestreuen.

4 Den Hefeteig durchkneten und auf einer bemehlten Arbeitsfläche in 12 Stücke teilen. Jedes Stück zu einem handtellergroßen Fladen ausrollen. Jeweils 1–2 Teelöffel Zwetschgenmus in die Mitte geben, mit dem Teig umhüllen, gut verschließen und zwischen beiden Händen zu Kugeln formen. Die Kugeln nebeneinander in die Form setzen, mit der restlichen Butter bestreichen und erneut 15 Minuten an einem warmen Ort gehen lassen. Den Backofen auf 170 °C (Umluft 150 °C) vorheizen.

5 Die Rohrnudeln ca. 35 Minuten backen, mit Puderzucker überstäubt servieren.

Tipp

✳✳✳✳✳✳✳✳✳✳✳✳✳✳✳✳✳✳✳✳✳✳✳✳✳✳✳✳✳✳✳✳✳✳✳✳✳✳✳

In manchen Gegenden Deutschlands sagt man hierzu Dampfnudeln; in Österreich nennt man sie Buchteln. In jedem Fall schmeckt Vanillesauce sehr gut dazu.

✳✳✳✳✳✳✳✳✳✳✳✳✳✳✳✳✳✳✳✳✳✳✳✳✳✳✳✳✳✳✳✳✳✳✳✳✳✳✳

45

* 800 g Zwetschgen, entsteint
* 6 Eier
* ½ Bio-Zitrone
* ½ Bio-Orange
* 400 ml Milch
* 1 Vanilleschote
* 160 g Hartweizengrieß

* 160 g gemahlener Mohn
* 200 g Zwetschgenmus
* 1 TL Zimtpulver
* 150 g Zucker
* 2 TL Puderzucker

Außerdem
* 1 Springform, 26 cm Ø
* Butter für die Form

Mohn-Zwetschgen-Kuchen

🕐 25 Minuten * Backzeit: 45 Minuten * 8–12 Stücke

1 Den Backofen auf 180 °C (Umluft 160 °C) vorheizen. Die Zwetschgen waschen, halbieren und entsteinen. Die Eier trennen. Zitrone und Orange heiß abwaschen, die Schale abreiben.

2 Die Milch aufsetzen. Die Vanilleschote längs halbieren und das Mark herauskratzen, zusammen mit der Schote in die Milch geben, den Grieß einrieseln und bei schwacher Hitze 5 Minuten unter Rühren köcheln lassen. Vom Herd nehmen, etwas abkühlen lassen und die Vanilleschote entfernen.

3 Mohn, Zwetschgenmus, Zitronen- und Orangenschale sowie Zimt und zuletzt die Eigelbe unter die Grießmasse rühren. Die Eiweiße mit dem Zucker steif schlagen und unter die Grießmasse heben.

4 Die Springform mit Butter ausstreichen, die Grießmasse einfüllen und dicht mit den Zwetschgenhälften belegen. Den Kuchen im vorgeheizten Ofen ca. 45 Minuten backen. Mit Puderzucker bestäubt servieren.

Dieser Kuchen **schmeckt** auch **mit Aprikosen sehr lecker.**

47

Tipp

****

Sie können den Teig auch auf 12 Muffin-Förmchen verteilen, die Backzeit verringert sich dann auf 25 Minuten.

****

Marzipantörtchen

🕐 20 Minuten * Backzeit: 35 Minuten * 8 Törtchen

1 Den Backofen auf 160 °C (Umluft 140 °C) vorheizen. Die Zwetschgen waschen, entsteinen und in schmale Schnitze schneiden. Das Marzipan grob raspeln.

2 Die Eier mit Zucker und Salz schaumig schlagen. Mandellikör, Zimt, 60 g Butter, Mandeln und Marzipan einrühren. Das Mehl mit dem Backpulver nach und nach über die Teigmasse sieben und einrühren, bis ein glatter Teig entsteht.

3 ^{2}/$_3$ der Zwetschgenschnitzel unter den Teig mischen. Die Förmchen mit der restlichen Butter einfetten und mit Semmelbrösel ausstreuen. Den Teig bis knapp unter den Rand einfüllen. Die restlichen Zwetschgenschnitze darauf verteilen und 35 Minuten backen.

* 300 g Zwetschgen, entsteint
* 100 g Marzipanrohmasse
* 4 Eier
* 100 g brauner Rohrzucker
* 1 Prise Salz
* 4 cl (40 ml) Mandellikör (z. B. Amaretto)
* 1 TL Zimt
* 100 g weiche Butter
* 100 g gemahlene Mandeln
* 200 g Mehl
* 1 TL Backpulver

Außerdem
* 8 feuerfeste Förmchen à 125 ml Inhalt
* Semmelbrösel für die Förmchen

- ✳ 600 g Zwetschgen
- ✳ 4 altbackene Brötchen (ca. 200 g)
- ✳ 4 Eier
- ✳ 150 g Frischkäse
- ✳ 150 g Crème fraîche
- ✳ 200 ml Milch
- ✳ 100 g Zucker
- ✳ 1 TL Zimt
- ✳ 1 Prise Salz
- ✳ Puderzucker zum Bestäuben

Außerdem
- ✳ 1 Auflaufform
- ✳ Butter und Semmelbrösel für die Form

Zwetschgen-Zenzi

🕑 20 Minuten ✳ Backzeit: 40 Minuten ✳ 4 Portionen

1 Die Zwetschgen waschen, vierteln und entsteinen. Die Brötchen in etwa 2 cm große Würfel schneiden. Die Eier trennen.

2 Frischkäse und Crème fraîche mit der Milch glatt rühren. Die Hälfte des Zuckers, Zimt und die Eigelbe einrühren. Die Brötchenwürfel in die Masse geben und mindestens 30 Minuten ruhen lassen.

3 Den Backofen auf 180 °C (Umluft 160 °C) vorheizen. Die Eiweiße mit dem restlichen Zucker und einer Prise Salz zu steifem Schnee schlagen. Zwei Drittel der Zwetschgen unter den Brötchenteig mischen, dann den Eischnee vorsichtig unterheben.

4 Die Masse in eine gebutterte, mit Semmelbrösel ausgestreute Auflaufform füllen, die restlichen Zwetschgen darauf verteilen. Im vorgeheizten Ofen ca. 40 Minuten backen. Mit Puderzucker bestäuben und heiß oder lauwarm servieren.

Die Zwetschgen-Zenzi ist eine enge Vertraute und kulinarische Komplizin vom Kirsch-Michel.

Zwetschgenröster
* 500 g Zwetschgen, entsteint
* 1 fingerdickes Stück Ingwerwurzel
* ½ Bio-Zitrone
* 250 ml Rotwein
* 150 g Zucker
* 1 kleine Zimtstange

Apfelreis
* 500 ml Milch
* 1 Vanilleschote
* ½ Zimtstange
* 100 g Milchreis
* 4 kleine Äpfel (z. B. Braeburn oder Cox Orange)
* ½ Bio-Zitrone

* ½ Bio-Orange
* 4 Eier
* 4 EL Holunderblütensirup
* 80 g Zucker
* 1 Prise Salz

Apfel-Reis-Auflauf mit Zwetschgenröster

🕐 50 Minuten ✳ Backzeit: 20 Minuten ✳ 4 Portionen

1 Die Zwetschgen waschen, entsteinen und vierteln. Den Ingwer schälen. Die Zitrone heiß abwaschen und die Schale dünn abschälen (ohne die weiße Haut).

2 Den Rotwein mit Zucker, Zimtstange, Zitronenschale und Ingwer ca. 5 Minuten köcheln lassen. Die Zwetschgen hineingeben und weiter 10 Minuten bei schwacher Hitze köcheln, dann auf der ausgeschalteten Herdplatte ziehen lassen. Ingwer, Zitronenschale und Zimt entfernen.

3 Die Milch aufsetzen. Die Vanilleschote längs halbieren und das Mark herauskratzen, zusammen mit der Schote und der Zimtstange in die Milch geben. Unter Rühren den Reis einrieseln lassen. Unter Rühren einmal aufkochen und den Reis dann mit geschlossenem Deckel auf niedriger Stufe ca. 15 Minuten quellen lassen. Gelegentlich rühren, damit nichts ansetzt. Den Backofen auf 160 °C (Umluft 150 °C) vorheizen.

4 Die Äpfel schälen, vierteln, entkernen und in 2 cm große Würfel schneiden. Zitrone und Orange heiß abwaschen, die Schale abreiben. Die Eier trennen, die Eigelbe mit Holunderblütensirup, Zitronen- und Orangenschale sowie der Hälfte des Zuckers verrühren. Zusammen mit den Äpfeln unter den Reis mischen, Vanilleschote und Zimtstange entfernen.

5 Das Eiweiß mit dem restlichen Zucker und einer Prise Salz steif schlagen und unter den Reis heben. Die Masse in eine gebutterte Auflaufform füllen und im Ofen 20 Minuten backen. Den Zwetschgenröster kalt zum heißen Auflauf reichen.

Knödel

* 500 g mehlig kochende Kartoffeln
* 80 g Hartweizengrieß
* 50 g Speisestärke
* 1 Ei
* 12 kleine Zwetschgen
* 12 Stück Würfelzucker

Zimtbrösel

* 150 g Butter
* 100 g Semmelbrösel
* 50 g Zucker
* ½ TL Zimtpulver

Außerdem

* Mehl für die Arbeitsfläche
* Salz

Zwetschgenknödel mit Zimtbrösel

🕐 60 Minuten * 4 Portionen

1. Kartoffeln schälen, vierteln und in Salzwasser garen (ca. 20 Minuten). Die Kartoffeln abgießen, abdämpfen, durch eine Presse in eine Schüssel drücken und abkühlen lassen. Nach und nach Grieß, Speisestärke und das Ei zu den Kartoffeln geben und alles zu einem weichen Teig verkneten.

2. Die Zwetschgen waschen, so halbieren, dass man den Kern entfernen kann, die Frucht aber zusammenhält. In jede Frucht einen Zuckerwürfel stecken.

3. Aus dem Kartoffelteig auf der bemehlten Arbeitsfläche 12 gleich große Fladen herstellen. Auf jeden Fladen eine Zwetschge setzen, den Teig um die Frucht schließen und mit bemehlten Händen zu glatten Knödeln formen.

4. In einem großen Topf 3 l Wasser zum Kochen bringen, 2–3 TL Salz hineingeben, die Knödel einlegen und bei schwacher Hitze ca. 20 Minuten ziehen lassen, bis sie an die Oberfläche steigen.

5. Für die Zimtbrösel die Butter in einer Pfanne zerlassen, ohne sie zu bräunen. Semmelbrösel, Zucker und Zimt zugeben und unter Rühren goldbraun rösten.

6. Die Knödel aus dem Wasser heben, auf Tellern anrichten, die Zimtbrösel darüber verteilen und sofort servieren.

Braten

* 1,2 kg Schweinenacken ohne Knochen
* 70 g Trockenpflaumen
* Salz
* 2 Zwiebeln
* 3 EL Pflanzenöl
* 300 g grob gehackte Schweineknochen
* 250 ml Fleischbrühe (Instant)
* 150 ml Portwein
* 2 kleine mittelscharfe Chilischoten
* 2 Sternanis
* 2 Gewürznelken
* ½ Zimtstange

Sauce

* 500 g Zwetschgen
* 200 g Zwetschgenmus
* 50 g Zartbitterschokolade (70 % Kakaoanteil)

Schweinenacken in Schoko-Zwetschgen-Sauce

🕐 30 Minuten ✳ Bratzeit: 1 Stunde ✳ 4–6 Portionen

1 Den Backofen auf 180 °C (Umluft 160 °C) vorheizen. Mit einem langen, schmalen Messer in die Mitte des Schweinenackens eine Tasche schneiden und die Trockenpflaumen hineindrücken. Das Fleisch salzen. Die Zwiebeln schälen und grob würfeln.

2 Das Öl in einem Bräter auf dem Herd erhitzen, den Schweinenacken von allen Seiten scharf darin anbraten, herausheben und beiseite stellen. Die Schweineknochen in den Bräter geben und ebenfalls rundum scharf anbraten. Die Zwiebeln zugeben und mitbraten, bis sie leicht bräunen. Den Schweinenacken darauflegen und den Bräter 15 Minuten in den vorgeheizten Ofen geben.

3 Die Brühe mit Portwein, Chilischoten, Sternanis, Nelken und der Zimtstange in einem Topf einmal aufkochen lassen, den Braten damit begießen, die Backofentemperatur auf 160 °C (140 °C) zurückschalten und das Fleisch weitere 45–50 Minuten garen.

4 Die Zwetschgen waschen, entsteinen und halbieren.

5 Den Schweinenacken herausheben und im ausgeschalteten Backofen warm stellen. Die Bratensauce durch ein Sieb in einen Topf passieren, die halbierten Zwetschgen zugeben und 5 Minuten köcheln lassen. Zwetschgenmus und Schokolade einrühren, aber die Sauce nicht mehr kochen. Den Braten aufschneiden und mit der Sauce servieren.

Fruchtige Spareribs

🕐 1 Stunde ✳ 4 Portionen

1 Die Spareribs salzen und pfeffern, auf ein Backblech legen und bei 140 °C Umluft 45 Minuten braten. Die Zwetschgen waschen, entsteinen und in kleine Würfel schneiden, Ingwer
und Knoblauch schälen und fein hacken.

2 Ingwer und Knoblauchzehen in einer beschichteten Pfanne in dem Öl andünsten. Zwetsch-
genwürfel, Zucker, Tabasco und Limettensaft zugeben und unter gelegentlichem Rühren
etwa 20 Minuten einkochen, dann mit Salz abschmecken.

3 Die Spareribs großzügig mit der Zwetschgenglasur bestreichen, die Ofentemperatur auf
180 °C erhöhen und die Rippchen weitere 10–15 Minuten braten.

- * 1,6 kg Schweinerippchen (Spareribs)
- * Salz
- * Pfeffer aus der Mühle
- * 400 g Zwetschgen, entsteint
- * 10 g Ingwerwurzel
- * 4 Knoblauchzehen
- * 1 EL Sonnenblumenöl
- * 8 EL brauner Zucker
- * 2 TL Tabasco
- * 4 EL Limettensaft
- * Salz

angenehm herb
eigenwillig
Mixmeister
liebt Feinschmecker
das i-Tüpfelchen

- ✳ 300 g Holunderbeeren
- ✳ 250 g Zwetschgen, entsteint
- ✳ 1 Apfel (z. B. Boskop)
- ✳ 250 ml roter Fruchtsaft
- ✳ 75 g Zucker
- ✳ ½ TL abgeriebene Zitronenschale
- ✳ 1 kleine Zimtstange
- ✳ 2 Eiweiße
- ✳ 1 Prise Salz

Holundersuppe mit Schnee-Eiern

🕐 30 Minuten ✳ 4 Portionen

1 Die Holunderdolden waschen, Beeren von den Stielen zupfen und verlesen. Die Zwetschgen waschen, vierteln und entsteinen. Den Apfel schälen, entkernen und in kleine Stücke schneiden.

2 Den Fruchtsaft mit der Hälfte des Zuckers aufkochen. Zwetschgen, Apfelstücke, Holunderbeeren, Zitronenschale und Zimtstange hineingeben und bedeckt bei mäßiger Hitze 8 Minuten köcheln lassen.

3 Für die Schnee-Eier Wasser in einem flachen, weiten Topf zum Kochen bringen. Die Eiweiße mit dem restlichen Zucker und einer Prise Salz sehr steif schlagen. Die Herdplatte unter dem Wasser ausschalten. Mit 2 Esslöffeln Nocken von dem Eischnee abstechen, auf das heiße Wasser gleiten lassen, Deckel auflegen und die Nocken 3 Minuten ziehen lassen. Dann die Schnee-Eier mit den Esslöffeln vorsichig wenden und weitere 3 Minuten ziehen lassen.

4 Zitronenschale und Zimtstange aus der Suppe entfernen. Die Suppe auf Schalen verteilen. Die Schnee-Eier mit einer Schaumkelle aus dem Wasser heben, abtropfen lassen und vorsichtig auf die Suppe setzen.

Tipp

✳✳

Sie können die Suppe auch auf Vorrat herstellen. Füllen Sie sie kochend heiß in heiß ausgespülte Schraubgläser mit säurebeständigem Deckel. Kühl gelagert hält sich die Suppe mehrere Wochen.

✳✳

Ich mag die Suppe am liebsten
mit frisch gebackenen Waffeln.

Holunderauflauf

🕐 10 Minuten ✳ Backzeit: 30 Minuten ✳ 4 Portionen

1 Den Backofen auf 200 °C (Umluft 180 °C) vorheizen. Das Butterschmalz in die Form geben und während der Aufheizphase darin schmelzen lassen. Die Holunderbeeren von den Stielen zupfen und verlesen. Die Zitrone heiß abwaschen, die Schale abreiben.

2 Das Mehl in eine Schüssel sieben. Die Milch mit Eiern, Salz und Zitronenschale verquirlen und dann mit dem Mehl verrühren. Den Teig in die Form füllen, die Holunderbeeren darauf verteilen und 20 Minuten backen. Die saure Sahne mit Zucker glatt rühren. Nach 20 Minuten über den Auflauf gießen und weitere 10 Minuten in den Ofen stellen, bis die Oberfläche goldbraun ist. Mit Puderzucker bestäuben.

Besonders lecker
mit geschlagener Sahne
und/oder **Vanilleeis**.

* 75 g Butterschmalz
* 300 g Holunderbeeren
* ½ Bio-Zitrone
* 175 g Mehl
* 250 ml Milch
* 4 Eier
* 1 Prise Salz
* 150 g saure Sahne
* 2 EL Zucker
* 2–3 EL Puderzucker

Außerdem
* 1 flache feuerfeste Form, ca. 15 x 25 cm

Ein **wunderbares Dessert**
für Gäste.

- ❋ 300 g Holunderbeeren
- ❋ 300 g Birnen (ca. 2 Stück)
- ❋ ½ Bio-Zitrone
- ❋ 250 ml Rotwein
- ❋ 150 ml Birnensaft
- ❋ 4 EL brauner Zucker
- ❋ 1 Gewürznelke
- ❋ 2 ½ Blatt Gelatine
- ❋ 2 TL Speisestärke
- ❋ Vanilleeis
- ❋ Minzeblättchen zum Garnieren

olunder-Birnen-Grütze mit Eis

🕐 20 Minuten ❋ Kühlzeit: 2–3 Stunden ❋ 4 Portionen

1 Die Holunderdolden waschen, trockentupfen, die Beeren von den Stielen zupfen und verlesen. Die Birnen schälen, halbieren, entkernen und in 1 cm große Würfel schneiden. Die Zitrone heiß abwaschen, die Schale abreiben, den Saft auspressen.

2 Rotwein und Birnensaft (3 EL davon abnehmen und damit die Speisestärke anrühren) aufkochen. Zucker, Zitronensaft und -schale sowie die Gewürznelke zugeben und 5 Minuten köcheln lassen. Die Birnenwürfel und die Holunderbeeren hineingeben und weitere 5 Minuten bei mäßiger Hitze garen.

3 Die Gelatine zwischendurch 5 Minuten in kaltem Wasser einweichen. Die angerührte Speisestärke unter die Grütze rühren und diese weitere 5 Minuten köcheln lassen. Die Grütze vom Herd nehmen, die Gewürznelke entfernen und die ausgedrückte Gelatine in der heißen Grütze auflösen.

4 Die Grütze auf 4 Dessertschalen verteilen und 2–3 Stunden kalt stellen. Mit Vanilleeis servieren und mit Minze garnieren.

Tipp

❋❋❋❋❋❋❋❋❋❋❋❋❋❋❋❋❋❋❋❋❋❋❋❋

Man kann die Speisestärke auch mit 3 EL Birnengeist (z. B. Williams Christ) anrühren.

❋❋❋❋❋❋❋❋❋❋❋❋❋❋❋❋❋❋❋❋❋❋❋❋

Hefeteig
* 1 Vanilleschote
* 30 g Hefe
* 150 ml lauwarme Milch
* 400 g Mehl
* 70 g Zucker
* 1 Ei + 1 Eigelb
* Salz
* 100 g weiche Butter

Holundermus
* 1,5 kg Holunderbeeren
* 100 ml roter Fruchtsaft
* 2 EL Zitronensaft
* 4 EL Zucker
* 2 TL Speisestärke

Streusel
* 150 g Mehl
* 120 g Zucker
* 100 g gemahlene Mandeln
* 120 g flüssige Butter

Außerdem
* 1 Backblech
* Butter und Mehl
  für das Blech

Hollerdatschi mit Streuseln

🕐 30 Minuten ✳ Geh- und Backzeiten: 1,5 Stunden ✳ 1 Blech

1 Vanilleschote längs halbieren, das Mark herauskratzen. Die Hefe in der lauwarmen Milch auflösen. Das Mehl in eine große Schüssel sieben. Hefe-Milch-Mischung, Zucker, Ei, Eigelb, Vanillemark, eine Prise Salz und die Butter zum Mehl geben und alles zu einem geschmeidigen Teig verkneten. Mit etwas Mehl bestäuben und zugedeckt an einem warmen Ort gehen lassen, bis sich das Volumen verdoppelt hat (ca. 30–40 Minuten).

2 Die Holunderdolden waschen, trocknen, die Beeren von den Stielen zupfen und verlesen. Frucht- und Zitronensaft, Zucker und die Beeren in einen Topf geben und ca. 15 Minuten unter gelegentlichem Rühren einkochen lassen (ohne Deckel). Die Speisestärke mit 2 EL Wasser anrühren, zum Holundermus geben und unter Rühren weitere 3 Minuten köcheln lassen.

3 Für die Streusel Mehl, Zucker, Mandeln und Butter vermischen, mit den Fingerspitzen zu Streuseln verarbeiten und zugedeckt in den Kühlschrank stellen.

4 Das Backblech fetten und mit Mehl bestäuben. Den Hefeteig auf einer bemehlten Arbeitsfläche ausrollen und auf das Backblech legen. Das Holundermus gleichmäßig darauf verstreichen und die Streusel darauf verteilen. Nochmals 20 Minuten gehen lassen. Währenddessen den Backofen auf 180 °C (Umluft 160 °C) vorheizen. Den Hollerdatschi 35–40 Minuten goldbraun backen.

Tipp

****

Mit Sahne und Vanilleeis eignet sich der Datschi auch gut als Dessert.

****

69

Chutney
* 500 g Holunderbeeren
* ½ Bio-Zitrone
* 2 Zwiebeln
* 1 EL Pflanzenöl
* 3 EL brauner Zucker
* 2 TL scharfer Senf
* 50 g Rosinen
* 1 Zimtstange
* 100 ml Rotweinessig

Fleisch
* 2 EL Sonnenblumenöl
* 4 Rinderlendensteaks (Entrecôte) je 200 g
* Salz
* Pfeffer aus der Mühle

Außerdem
* 1 ofenfeste große Pfanne

Rinderlende mit Holler-Chutney

🕐 35 Minuten * 4 Portionen

1 Die Holunderdolden waschen, abtropfen lassen, die Beeren von den Stielen zupfen und verlesen. Die Zitrone heiß abwaschen, die Schale abreiben. Die Zwiebeln schälen und würfeln.

2 Das Öl in der Pfanne erhitzen, die Zwiebeln darin glasig dünsten. Zucker, Senf, Rosinen, Zimtstange und die Holunderbeeren zugeben und unter gelegentlichem Rühren ohne Deckel etwa 5 Minuten dünsten.

3 Essig und Zitronenschale hinzufügen und weitere 10 Minuten sanft köcheln lassen, bis die Früchte weich sind und das Chutney eine marmeladenähnliche Konsistenz hat. Die Zimtstange entfernen. (Soll das Chutney längere Zeit aufbewahrt werden, füllen Sie es heiß in gut ausgespülte Einmachgläser, die sich fest verschließen lassen.)

4 Den Backofen auf 120 °C vorheizen. 2 EL Öl in einer ofenfesten Pfanne erhitzen und die Steaks darin von beiden Seiten anbraten, mit Salz und Pfeffer würzen. Die Pfanne dann für ca. 5 Minuten in den Ofen stellen (oder die Steaks auf den Grillrost über der Saftpfanne des Backofens legen). Den Ofen ausstellen und die Steaks bei offener Backofentür noch 5 Minuten ruhen lassen, dann auf Tellern anrichten und das Chutney dazu reichen.

Tipp

Ein bunter, mit einer leichten Vinaigrette angemachter Pflücksalat ist eine ideale Ergänzung.

Holundermarmelade
* 1 Bio-Zitrone
* 500 g Holunderbeeren
* 4 EL Johannisbeerlikör (Cassis)
* 400 g Gelierzucker (1:1)

Semmelknödel
* 10 altbackene Brötchen
* 1 Zwiebel

* ½ Bund Petersilie
* 400 ml Milch
* 2 EL Butter
* 3 Eier
* Salz, Pfeffer aus der Mühle
* frisch geriebene Muskatnuss

Rahm-Pfifferlinge
* 400 g frische Pfifferlinge
* 2 EL Pflanzenöl

* 1 kleine Zwiebel
* 400 ml heiße Gemüsebrühe
* 2 Zweige Thymian
* 150 g Sahne
* 1 TL Speisestärke
* 2 TL Zitronensaft

Außerdem
* Einmachgläser für 500 ml

Holundermarmelade zu Pfifferlingen und Semmelknödel

🕐 1 Stunde ✳ 4 Portionen

1 Die Zitrone heiß abwaschen, die Schale abreiben und den Saft auspressen.

2 Die Holunderbeeren mit Likör, Gelierzucker, Zitronenschale und -saft in einem Topf unter Rühren ca. 10 Minuten kochen lassen, bis die Masse geliert. Sofort in gespülte Einmachgläser füllen und erkalten lassen.

3 Die Brötchen in dünne Scheiben schneiden und in eine Schüssel geben. Die Zwiebel fein würfeln. Die Petersilie grob hacken. Die Milch erhitzen und über die Brötchenscheiben gießen. Die Butter in einer Pfanne erhitzen, die Zwiebeln darin glasig dünsten, abkühlen lassen.

4 Die Eier verquirlen und mit der Petersilie und den Zwiebeln unter die Semmelmasse mengen. Mit Salz, Pfeffer und Muskat würzen.

5 In einem großen Topf 3–4 l Salzwasser zum Sieden bringen. Mit angefeuchteten Händen Knödel aus der Brötchenmasse formen und im siedenden Wasser ziehen lassen, bis sie an die Oberfläche steigen (ca. 20 Minuten).

6 Die Pfifferlinge mit einem Pinsel und Küchenpapier säubern und je nach Größe teilen. Die Zwiebel fein würfeln. Das Öl in einer Pfanne erhitzen, die Zwiebeln darin glasig dünsten, die Pilze zugeben und 5 Minuten braten. Die Gemüsebrühe angießen, Thymian und Sahne hinzufügen. Die Speisestärke mit Zitronensaft glattrühren, zur Sauce geben, durchrühren und weitere 15 Minuten köcheln lassen. Mit Salz und Pfeffer abschmecken.

Rezeptregister

ISBN: 978-3-572-08059-5

© 2012 by Bassermann Inspiration, einem Unternehmen der
Verlagsgruppe Random House GmbH, 81673 München

Umschlaggestaltung: Atelier Versen, Bad Aibling
Layout: Katharina Schweissguth, Visuelle Kommunikation, München
Herstellung: Elke Cramer
Bildredaktion: Sabine Kestler, Tanja Nerger
Projektleitung: Anja Halveland
Rezeptfotos: Karl Newedel, München
Weitere Fotos: S. 6 oben – Fotolia (kmit); S. 7 – Istockphoto (astrall232);
S. 59 – Istockphoto (Onewolf); S. 6 unten – Südwest Verlag (Rolf Seiffe)

Satz: Nadine Thiel | kreativsatz, Baldham
Reproduktion: Regg media GmbH, München
Druck und Verarbeitung: Mohn media Mohndruck GmbH, Gütersloh

Printed in Germany

Verlagsgruppe Random House FSC-DEU-0100
Das für diesen Titel verwendete FSC®-zertifizierte Papier *Profisilk* wurde
produziert von Sappi Alfeld.

817 2635 4453 6271

Köstliche
Gerichte

80 Seiten, vierfarbig, gebunden
ISBN 978-3-572-08060-1

Mild-nussig der Kürbis, zart-süßlich die Karotte: Diese beiden sind so lecker und vielseitig einsetzbar, dass wir die besten Rezepte in diesem Buch gesammelt haben.

Süß und pikant, asiatisch und mediterran, traditionell und innovativ: wer den besonderen Genuss sucht, wird hier fündig werden!

Überall erhältlich, wo es Bücher gibt.

www.bassermann-verlag.de